AF266895

E. MILLON

NOTICE BIOGRAPHIQUE

LUE A LA SOCIÉTÉ D'AGRICULTURE

COMMERCE, SCIENCES ET ARTS DU DÉPARTEMENT DE LA MARNE

DANS LA SÉANCE PUBLIQUE DU 26 AOUT 1868

PAR M. HIPPOLYTE FAURE

membre titulaire résidant

CHALONS-SUR-MARNE

J.-L. LE ROY, IMPRIMEUR-LIBRAIRE

1868

E. MILLON

NOTICE BIOGRAPHIQUE

LUE A LA SOCIÉTÉ D'AGRICULTURE

COMMERCE, SCIENCES ET ARTS DU DÉPARTEMENT DE LA MARNE

DANS LA SÉANCE PUBLIQUE DU 26 AOUT 1868

PAR M. HIPPOLYTE FAURE

membre titulaire résidant

CHALONS-SUR-MARNE

J.-L. LE ROY, IMPRIMEUR-LIBRAIRE

1868

L'auteur de cette notice croit devoir exprimer publiquement toute sa reconnaissance envers les personnes qui lui ont fourni des renseignements ou des documents de nature à faciliter son travail. Que M. Jules Lefort, de Paris, M. Louis Pein, de Verdun, M. le colonel Théodore Pein, M. le colonel Appert, M. le lieutenant colonel Caillot, M. Cordier, officier d'administration, et MM. Jules Jolly, Camille Ecoutin, Regnault et Richon, de Châlons, veuillent bien agréer ce témoignage de sa gratitude.

L'auteur remercie tout particulièrement M. Toret, agent comptable à l'Ecole impériale d'arts et métiers de Châlons, auquel il doit la communication d'une correspondance intime, qui lui a permis de mieux connaître les précieuses qualités du cœur unies chez M. Millon aux plus brillantes facultés de l'esprit.

HIPPOLYTE FAURE.

E. MILLON

NOTICE BIOGRAPHIQUE

Messieurs,

Il y a trente-cinq ans, Berzélius dominait la chimie et ses travaux immenses avaient donné à sa parole une autorité incontestée. Près de lui se plaçaient, avec non moins d'éclat, en Angleterre Faraday, en Allemagne Liebig, en France Gay-Lussac, Thénard, dignes continuateurs et successeurs de Lavoisier, de Fourcroy, de Berthollet. Autour de ces illustrations se groupait une phalange nombreuse de savants professeurs, d'expérimentateurs habiles, d'observateurs attentifs et patients, et, soit dans la chaire, soit dans le laboratoire, tous s'efforçaient de pousser toujours plus avant cette marche progressive d'une science que le demi-siècle précédent avait vu s'avancer à pas de géant.

Partout les fourneaux étincelaient, les appareils les plus ingénieux étaient installés, tous les agents de la nature, chaleur, lumière, électricité, étaient interrogés et mis en œuvre ; les analyses les plus difficiles, les plus délicates étaient tentées et réussies, les métaux les plus réfractaires, les plus engagés, les plus retenus dans les combinaisons étaient réduits et isolés ; chaque jour était marqué par une découverte nouvelle, les faits succédaient aux faits, les théories s'opposaient aux théories, et les discussions qu'elles soulevaient, n'étaient pas toujours exemptes de passion.

Le champ de la chimie des corps minéraux avait été exploré dans tous les sens, on aurait pu croire qu'il n'y restait plus rien à glaner ; l'étude déjà avancée des substances d'origine organique séduisait tous les chercheurs, et les résultats importants qu'elle promettait ne devaient pas se faire attendre. La pensée touchait à l'instant où elle recevrait de la physique et de la chimie réunies un mode vraiment magique de transmission instantanée ; les beaux-arts allaient emprunter à ces deux sciences de merveilleux moyens de reproduire la nature ; l'agriculture, l'industrie, trouvaient dans des applications inspirées par la théorie, des procédés que rien ne pouvait faire prévoir, et qui étaient destinés à accroître leur puissance et à multiplier leur production.

Cependant une génération plus jeune, active, ardente, encore émue des événements des années antérieures, à peine affranchie des premières épreuves classiques, se trouvait entraînée et comme éblouie par ce prodigieux mouvement des études scientifiques ; elle se pressait dans les amphithéâtres, elle assiégeait les laboratoires, se préparant avec enthousiasme à suivre une route marquée par tant de phénomènes inattendus, et que traçaient pour elle d'illustres devanciers.

C'est alors, Messieurs, que dans une modeste chambre du collége Rollin, travaillait et méditait un jeune maître d'étude dont l'avenir n'était pas encore fixé, et déjà l'on pouvait constater que toutes ses aspirations le dirigeaient vers les sciences physiques et chimiques, vers la chimie

surtout à l'étude de laquelle il se livrait avec ardeur.
Quelquefois dans cet humble réduit se réunissaient des
amis, des condisciples ; là au milieu d'instruments sans
doute bien simples, et d'appareils bien peu compliqués, le
futur professeur s'exerçait à l'expérimentation et à l'enseignement oral.

Tel était le moment où débutait dans la carrière scientifique, le compatriote, le collègue que nous avons eu la
douleur de perdre l'année dernière, M. Auguste-Nicolas-
Eugène Millon, pharmacien principal de première classe,
pharmacien en chef de la division d'Alger, officier de la
légion d'honneur, membre d'un grand nombre de sociétés
savantes, et membre correspondant de notre société ;
éminent collègue, au mérite, aux travaux duquel vous
m'avez confié la tâche de rendre hommage.

Cette tâche, Messieurs, dont je sens tout le prix, est peut-
être au-dessus de mes forces, elle n'est pas au-dessus de
ma bonne volonté. Je ne l'ai acceptée, vous le savez, que
pour vous apporter une preuve de plus de mon dévouement à votre compagnie, et surtout pour donner un
témoignage public de respect, d'estime affectueuse et de
regret au chimiste consommé, au savant professeur, que
notre pays peut considérer comme un de ses enfants les
plus distingués.

M. Auguste-Nicolas-Eugène Millon naquit à Châlons
dans une maison de la rue du Cloître (1), le 24 avril 1812,
il était fils de Henri-Auguste Millon, et de Marie-Elisabeth-
Joseph-Louise Thibault.

Son père, déjà âgé, dirigeait une entreprise de trans-
ports, qui l'obligeait à de fréquents voyages. Les premières années du jeune Millon se passèrent donc sous

____

(1) Cette maison porte aujourd'hui le n° 2.

la direction presqu'unique de sa mère, bonne et digne femme, et dans la société d'un frère, Désiré Millon, son aîné de quatre ans.

Lorsque le 10 mars 1822, le chef de la famille vint à mourir, les affaires laissées à la veuve étaient fort embrouillées. A force de travail et de patience, l'excellente mère parvint à sortir d'une situation difficile ; préoccupée de l'avenir, de l'éducation de ses enfants, elle les plaça tous deux au collége de Châlons, et le petit Eugène, qui avait alors dix ans, fut admis vers la fin de 1822 dans la classe de sixième.

Toutefois, la courageuse femme n'avait à sa disposition que de faibles ressources, elle dut se résigner à se séparer de ses enfants. Sous la conduite d'un parent, presque aussi jeune que lui, Désiré Millon, âgé de quatorze ans, partit pour l'île Bourbon, où un frère de son père était établi depuis quelque temps. Hâtons-nous de dire que le pauvre jeune homme eut à subir bien des épreuves dans son existence lointaine, que, malgré son affection pour sa mère et son frère, rarement il échangea des lettres avec eux, et qu'enfin jamais il n'eut le bonheur de revoir ni sa famille ni son pays.

Quant à Eugène, il fut confié aux soins d'un oncle maternel, M. l'abbé Thibault, ecclésiastique distingué, qui était en ce moment proviseur du collége royal de Saint-Louis. Celui-ci emmena son neveu à Paris, lui fit faire sa première communion et le garda deux ans. Mais ayant été nommé inspecteur de l'Université et par suite se trouvant dans la nécessité de s'absenter souvent, il fut forcé de rendre l'enfant à sa mère.

Revenu au collége de Châlons, Eugène entra dans la classe de quatrième au commencement de l'année scolaire 1825-1826. Il suivit pendant cinq ans comme externe, les

cours de cet établissement et ses condisciples se sou-
viennent qu'il fit avec succès toutes ses études; il semblait
avoir beaucoup de dispositions pour les devoirs qui de-
mandent de l'imagination et principalement pour les vers
latins où, dit-on, il excellait; néanmoins il témoigna dès
lors une certaine aptitude pour les sciences puisqu'il rem-
porta, en rhétorique et en philosophie, l'unique prix destiné dans chacune de ces classes à récompenser les com-
positions de mathématiques.

Après avoir terminé ses études classiques, Eugène
Millon, devait faire choix d'une profession, et ce choix
n'était pas facile. Il comprenait qu'il ne pouvait pas rester
plus longtemps à la charge de sa mère qui s'était épui-
sée en efforts de toutes sortes, pour lui permettre de
compléter son instruction; il fallait donc s'imposer encore
une douloureuse séparation. Il ne pouvait plus compter
sur l'appui de son oncle, M. l'abbé Thibault, mort dans les
premiers mois de l'année 1830. Heureusement un neveu
de sa mère, un homme bienveillant, et dont nos con-
citoyens n'ont pas perdu le souvenir, M. Landois, procureur
gérant, c'est-à-dire économe du collège Rollin, lui fit
confier dans cet établissement les fonctions de maître
d'étude.

Dans cette situation relativement avantageuse obtenue
au collège Rollin, le jeune Millon pouvait attendre
pour faire un choix ; il était bien placé pour se préparer à
la carrière de l'enseignement classique, mais il tourna ses
regards vers la médecine, et, sans négliger les devoirs
qu'il avait à remplir, il se mit à suivre des cours de
physique et de chimie. Dès le début de ces nouvelles
études, il sentit que ses préférences le destinaient à cette
dernière science, et il y porta résolument toutes les
forces de son esprit et de son intelligence.

« Je me rappelle encore, dit un de ses amis, qu'il avait
« transformé sa petite chambre de Rollin en un labora-
« toire et j'assistais souvent à des expériences plus ou
« moins réussies, auxquelles d'ailleurs je ne comprenais
« absolument rien, sinon qu'il était étrange d'empester
« ainsi sa chambre à coucher. »

Cependant Eugène Millon commence ses études médi-
cales, et le 1er décembre 1832, il peut entrer à l'hôpital
du Val-de-Grâce, comme chirurgien élève (on disait alors
surnuméraire). Il reste dans cette position jusqu'au milieu
de l'année 1834, et il obtient déjà un succès marqué, celui
de sortir au concours le premier des surnuméraires.

Rentré à Paris après les vacances, au mois d'octobre
1834, installé dans une petite chambre de la place
St-Sulpice, il fait des démarches pour être nommé sous-
aide titulaire et recevoir une destination. C'était pour lui
une question capitale, puisqu'il s'agissait de mettre fin
aux sacrifices de sa mère.

Ici, Messieurs, permettez-moi d'évoquer un souvenir
qui, je n'en doute pas, vous sera particulièrement agréable, celui d'une noble famille de notre ville que
beaucoup d'entre vous ont connue ; je veux parler de M. et
de Mme d'Avrainville, de leur fille Mme de Tascher et de
leur gendre M. de Tascher, pair de France sous le roi
Louis-Philippe.

« Mme de Tascher, m'écrivait-on dernièrement, a été la
« providence de ses compatriotes que l'amour du travail
« et l'honorabilité désignaient à son bienveillant intérêt. »

M. Millon ressentit plus d'une fois l'effet de ces heureuses dispositions, il trouva toujours dans cette famille,
un accès facile, un affectueux accueil, un généreux appui.

Bien souvent, dans ses lettres à sa mère, il parle avec

une vive reconnaissance de la bonté de Mme de Tascher, des démarches actives poursuivies en sa faveur par M. de Tascher, et principalement de ses efforts pour que le jeune chimiste puisse rester à Paris au centre des études et de la science. Aussi écrit-il dans un court moment d'impatience prématurée : « Vrai, sans cette toute bonne « Mme de Tascher, que je qualifierais de tout autre nom, « si mon affection savait en trouver un meilleur, sans « ce généreux M. de Tascher, sans toute cette excellente « et adorable famille, je crois que je renoncerais à tout. « Vous ne sauriez croire ce que j'ai trouvé en eux d'in- « térêt, mais de cet intérêt vrai, actif, persévérant qui « part de l'âme et va y frapper tout droit. »

Il obtient sa nomination, et, le 6 février 1835, il est envoyé à Bitche, puis il est dirigé sur Lyon et il passe à Alger ; ensuite il vient à Metz au mois d'octobre suivant, et sauf quelques interruptions, il reste dans cette ville jusqu'en septembre 1837. Enfin il rentre avec bonheur à Paris où il est employé à l'hôpital du Gros-Caillou.

Cette époque de la vie à peine commencée de notre collègue dut lui paraître vraiment bien heureuse ; l'avenir lui souriait, tout lui réussissait. Il comptait voir se réaliser bientôt une espérance longtemps caressée, celle d'avoir auprès de lui sa mère, sa mère qu'il aimait tant. Le 16 août 1836, il avait reçu de la Faculté de médecine de Paris son diplôme de docteur. Il venait d'obtenir au concours la place de préparateur et répétiteur de chimie au Val-de-Grâce, il avait donc sous la main un laboratoire complet et bien monté ; enfin, le 27 novembre 1837, remarquez bien la date, c'est-à-dire à un peu plus de vingt-cinq ans, il faisait à l'Académie des sciences sa première communication.

Aussi racontant à sa mère l'emploi de son temps, voici comment il s'exprimait : « Je puis dire que c'est avec « délices que je pioche ainsi, je recommence chaque « jour avec un bonheur nouveau, et n'ai le soir que « l'impatience du lendemain. Ainsi à neuf heures je suis « à mon laboratoire, j'y déjeune et y reste jusqu'à quatre « heures de l'après-midi, sans interruption, à moins que « je n'aie quelque cours à suivre, et le soir je suis au « milieu de mes livres, jusqu'à onze heures environ. « Ce régime me convient à merveille et jamais je ne « me suis mieux porté. » Et plus loin dans la même lettre : « Je prépare pour le moment un mémoire que je lirai « sans doute à l'Institut, et, si les idées que j'ai ne sont « pas repoussées, à cause de ma trop grande nouveauté « scientifique, elles feront, je l'espère, quelque sensation « dans le monde savant. »

M. Millon semble faire allusion ici à un mémoire présenté à l'Académie des sciences dans la séance du 19 mars 1838 et qui n'est que le développement de sa première communication. Ce travail en effet devait faire sensation d'abord parce qu'il constatait et confirmait la découverte de deux combinaisons qui n'avaient pas été produites jusque là, l'azoture de brôme, et l'azoture de cyanogène, ensuite à cause des idées théoriques que son auteur déduisait des expériences rapportées dans le mémoire.

Cette position favorable ne devait pas durer pourtant plus d'une année. Au mois de juillet 1838, à son grand regret, au grand chagrin de sa mère, notre compatriote est envoyé à Toulouse où il reçoit le grade de pharmacien aide-major. Là, il continue à travailler dans l'isolement, mais il n'a plus de laboratoire. Au printemps de 1839, il est détaché à Lunéville, où il éprouve le pénible ennui de ne pouvoir pas travailler du tout. Au mois de décembre

de la même année il revient précipitamment à Paris, il
espère pendant quelque temps la place de préparateur de
chimie au collége de France, place que M. Pelouze a
demandée pour lui et que M. Thénard doit lui faire obtenir. Le 15 juillet de cette année, il avait donné lecture
à l'Institut de son mémoire sur les composés décolorants
du chlore, mémoire qui devait faire tant de bruit, et dont
il avait eu la satisfaction de préparer les éléments dans
le laboratoire particulier de M. Pelouze.

Au mois de janvier 1840, il part pour Metz sans trop
de peine. « Metz était vraiment, dit-il, ma seconde ville
« scientifique après Paris, c'est là que j'étais resté le
« plus longtemps et que j'avais travaillé le plus. » Mais il
ne reste que peu de temps à Metz, il est dirigé sur Ver-
sailles, et de nouveau il revient à Paris au mois de juin
pour prendre un service à l'hôpital du Gros-Caillou, et
pour passer ensuite, au mois de décembre, dans celui
du Val-de-Grâce.

Heureux d'être rentré à Paris, il ne lui faut plus qu'un
laboratoire. « J'attends avec impatience un laboratoire
« quelconque, écrit-il, mais il en viendra un, j'ai bon es-
« poir, ce sera d'un côté ou d'un autre, peut-être de tous
« les côtés à la fois. » C'est donc avec un vif plaisir qu'il
voit s'ouvrir de nouveau pour lui celui de M. Pelouze, et
qu'il peut présenter à l'Académie des sciences des travaux
exécutés en commun avec ce savant chimiste si bienveillant et toujours si favorablement disposé à aider, à en-
courager les jeunes adeptes.

Enfin tous ses vœux sont comblés, à la suite d'un brillant
concours, il est nommé professeur de chimie à l'hôpital de
perfectionnement du Val-de-Grâce le 19 mars 1841. Alors
commence pour lui cette période d'années heureuses pen-

dant lesquelles ses premières productions donnent à son nom la notoriété la plus étendue. Le jour de la distribution des prix du Val-de-Grâce, il prononce le discours d'ouverture; il avait choisi pour sujet, l'application de la méthode scientifique à l'étude de la médecine. En 1842, il vous adresse son mémoire sur l'acide nitrique et vous l'admettez avec empressement au nombre de vos associés correspondants.

Réuni à M. J. Reizet, il entreprend en 1845 la publication d'un annuaire de chimie, c'est-à-dire d'un répertoire général de tous les travaux auxquels cette science donne lieu dans les diverses parties de l'Europe. Cette utile publication qui pouvait rendre tant de services, pour laquelle il avait obtenu la collaboration de M. le docteur Hœffer et plus tard celle de M. Nicklès, ne fut continuée malheureusement que pendant sept ans.

Cette même année 1845, il publie le premier volume de ses *Eléments de chimie organique* et il complète cet ouvrage en faisant paraître en 1848 le second volume. Pendant ce temps, il est nommé pharmacien aide-major de première classe le 23 novembre 1841, et le 10 novembre 1843, obtenant un nouvel avancement, il reçoit le grade de pharmacien major de deuxième classe.

De toutes les satisfactions que dut éprouver M. Millon dans son existence, à part la certitude d'être pour longtemps moins éloigné de sa mère, aucune ne lui fut plus agréable sans doute que celle de posséder à Paris un laboratoire bien pourvu de moyens de recherches et d'études. Admis dans l'intimité de savants de premier ordre comme MM. Pelouze, Regnauld, J. Reizet avec lesquels il travaillait, ayant pour collaborateur un de ses collègues dans l'enseignement, M. le docteur Laveran, aujourd'hui professeur, et sous-directeur au Val-de-Grâce, des élèves ou des amis, MM. Jules Lefort, Roucher, Jules Jolly et d'autres dont les noms me sont inconnus, il met au jour cette admirable série de mémoires qui pour la plupart ont été remarqués à bon droit, et dont quelques-uns sont restés de véritables monuments scientifiques.

En 1844, il accumule ses communications à l'Académie des sciences, et lorsque M. Balard est appelé à succéder à M. Darcet, le nom de M. Millon figure sur la liste présentée par la section de chimie, dans la séance du 4 novembre, en compagnie de ceux de MM. Fremy, Peligot, Cahours. J'appelle votre attention sur cette circonstance parce qu'elle est une preuve de l'estime que déjà notre savant compatriote avait su mériter.

Dans son enseignement oral, il charmait et entrainait les nombreux auditeurs qui suivaient son cours avec assiduité, et dans ses développements, dans la discussion des théories, il avait des mouvements qui touchaient véritablement à l'éloquence.

Doué pour le travail d'une très-grande énergie, il communiquait à ses élèves, à ses aides la chaleur dont il était animé et l'entrain qu'il apportait dans tout ce qu'il avait entrepris.

On se fait difficilement une idée de l'ardeur, de l'émulation qui règnent dans un laboratoire, où, sous le regard du professeur, viennent s'exercer cinq ou six jeunes étudiants. Chaque élève a sans doute sa tâche déterminée, mais l'attention de tous se porte sur l'ensemble et principalement sur le but que le maître veut atteindre. L'émotion que fait naître une opération de laboratoire est bien plus vive, bien plus dramatique que l'intérêt qui s'attache à une expérience de l'amphithéâtre. Dans une série de réactions préparées pour l'enseignement, tout est prévu, tout est essayé d'avance, tout est agencé de manière à rendre la réussite forcée ; car il faut que la démonstration soit complète et que la confiance des auditeurs reste entière. Il n'en est pas de même dans l'intimité des recherches particulières ; souvent le maître, comme les élèves, marche vers l'inconnu ; parfois il faut se mettre à l'abri des dangers peut-être sérieux de l'opération, il faut suivre des yeux et noter avec soin tout ce qu'on aperçoit, presque toujours il faut recommencer la manipulation, en varier les détails et cela pour des motifs encore incertains, ou à peine entrevus. Mais qu'une expérience tentée avec hésitation, surveillée avec patience soit suivie de succès, qu'un phénomène espéré et qu'on n'a point encore vu, se manifeste tout à coup ; qu'une combinaison nouvelle vienne à prendre naissance, alors la joie se montre sur tous les visages, les yeux brillent, les cœurs battent, l'enthousiasme éclate dans tout le laboratoire et l'impression générale se traduit par des acclamations. Heureux le préparateur sous la main duquel s'est rencontré le merveilleux résultat ! C'est avec une satisfaction mêlée d'orgueil que chacun, maître et collègues, vient le féliciter.

Je ne puis, Messieurs, vous présenter une analyse même très-restreinte de tous les travaux chimiques de M. Millon, les bornes de cette lecture ne le permettent pas, et mes forces d'ailleurs seraient insuffisantes. Pour en établir l'ordre chronologique, j'ai dû feuilleter plus de trente volumes, des comptes-rendus de l'Académie des sciences de 1837 à 1865 ; pourtant cette collection ne les contient pas tous, et le plus grand nombre des communications ne s'y trouve inséré qu'en extrait. Cependant comme j'ai tâché de revoir à peu près tous ces travaux avant de commencer cette notice, je me crois obligé de vous exposer l'impression que m'a laissée cette étude.

M. Millon me paraît avoir eu trois facultés très-remarquables dont je trouve la trace dans tout ce qu'il a publié. Je citerai d'abord une très-grande habileté technique et manuelle pour l'expérimentation, puis une rare sagacité pour l'observation et la mise à profit des phénomènes les moins apparents et les moins prévus, enfin une disposition toute particulière à généraliser et à tirer de ses expériences des déductions théoriques. Ajoutez à cela une rédaction claire pour la description des procédés et des phénomènes, une persévérance énergique dans la recherche des faits susceptibles de confirmer ses opinions, un immense savoir qui lui dictait les citations et les rapprochements et une parole réellement convaincue pour les discussions spéculatives.

Ainsi à son début, en 1837, dans cette première note envoyée à l'Académie des sciences, et qui concerne l'azoture de brôme et l'azoture de cyanogène, tout de suite il cherche à démontrer que les réactions qu'il a provoquées donnent l'explication des métamorphoses de deux corps isomères, l'acide cyanique, et l'acide fulminique.

Lorsqu'il lit à l'Institut, dans la séance du 15 juillet 1839, son mémoire sur les composés décolorants désignés sous le nom d'hypochlorites, M. Millon conclut hardiment, en se basant sur ses expériences, que ces composés ne sont pas des sels mais bien « des composés corres- « pondants aux peroxydes dans lesquels tout l'oxygène qui « s'ajoute au protoxyde pour constituer l'oxyde supérieur « est remplacé par son équivalent de chlore. » Cette théorie toute neuve, inattendue, est combattue par Gay-Lussac, repoussée par Berzélius, tandis qu'elle est à peu près acceptée par M. Pelouze, tout à fait adoptée par M. Soubeyran qui la reproduit dans son ouvrage en l'accompagnant du nom de son auteur.

Alors M. Millon se met résolument à l'œuvre pour étudier et isoler tous les corps qui peuvent résulter de l'union du chlore et de l'oxygène; grâce à des artifices de laboratoire des mieux imaginés, il obtient trois composés nouveaux qu'il étudie, qu'il analyse et qui désormais prennent place dans la science classique, l'acide chloreux, l'acide chlorochlorique et l'acide chloroperchlorique. Pour cette fois l'approbation du grand justicier de la chimie lui est acquise, et dans son rapport de 1844, Berzélius toujours si sobre d'éloges s'exprime ainsi : « M. Millon a « publié un très-beau travail sur les degrés d'oxydation « du chlore et déjà j'ai mentionné la découverte de « l'acide chloreux. » Et voici ce qu'il en disait en 1843 : « La méthode qu'il a suivie pour le préparer est aussi « ingénieuse que simple. »

Je voudrais abréger, mais en présence de tant de mémoires importants, je ne puis me défendre du plaisir de vous en citer au moins quelques-uns.

Je rappellerai donc :

Un curieux travail sur le passage des médicaments dans l'économie animale et sur les modifications qu'ils y subissent, travail exécuté de concert avec M. le docteur Laveran ;

Une analyse constatant la présence normale dans le sang de divers métaux, le plomb, le cuivre et surtout le manganèse qui se fixent avec le fer sur les globules de ce liquide : la thérapeutique a tiré parti de cette intéressante découverte ;

Son mémoire si complet sur l'acide nitrique, où se se trouvent l'étude si minutieuse de ses divers états d'hydratation, et l'exposé de tous les soins apportés à la purification absolue de cet agent.

Puis-je ne point parler de cette recherche constante

de l'influence des petites quantités, influence qui se retrouve dans des circonstances si différentes?

Pendant que s'exerce l'action si énergique de l'acide iodique sur l'acide formique, sur l'acide oxalique, sur le sucre de canne, on peut voir deux ou trois gouttes d'acide prussique dilué, c'est-à-dire ajouté au mélange en proportion, on pourrait dire homéopathique, suspendre toute réaction.

Dans la décomposition de l'eau par les métaux en présence des acides, il suffit de quelques gouttes d'une solution de bichlorure de platine, d'acide arsénieux, d'émétique, de sulfate d'argent pour accélérer le dégagement de l'hydrogène ou le ralentir dans certains cas.

Dans la distillation du mercure, l'addition d'un dix-millième de plomb arrête presqu'entièrement l'opération.

C'est encore à l'absence ou à la présence d'une petite quantité d'acide nitreux que l'acide nitrique affaibli doit cette propriété singulière de conserver intacts, ou d'attaquer violemment le cuivre et d'autres métaux.

Je ne puis passer sous silence non plus le remarquable résultat que M. Millon sut tirer de l'emploi de l'urée pour empêcher la production de l'acide nitreux et faciliter la formation de l'éther nitrique que personne avant lui n'avait pu obtenir. Pour cette fois, Messieurs, je laisse encore parler Berzélius.

« On sait, dit-il, qu'on n'avait pas pu réussir jusqu'ici à
« préparer une combinaison d'acide nitrique et d'oxyde
« éthylique, (éther) parce que les éléments de l'alcool
« réagissent sur l'acide nitrique d'où résulte du nitrite
« éthylique, (c'est-à-dire de l'éther nitreux). M. Millon a
« réussi à produire cette combinaison, et cela, non par
« une circonstance fortuite, mais par un raisonnement
« logique. L'urée, comme on sait, se combine avec l'acide

« nitrique et n'est nullement altérée dans cette combi-
« naison par un excès d'acide nitrique pur; mais la
« présence d'acide nitreux détruit l'urée immédiatement,
« qui entraîne aussi la destruction de l'acide nitreux.
« M. Millon a supposé que si l'on ajoutait du nitrate d'urée
« à un mélange d'acide nitrique et d'alcool, l'acide ni-
« treux qui pourrait résulter de l'action catalytique de
« l'acide nitrique sur l'alcool serait détruit par l'urée, ces-
« serait par conséquent de réagir sur les éléments de
« l'alcool, et que l'oxyde éthylique ne rencontrant pas
« d'autre acide que l'acide nitrique se combinerait avec
« ce dernier et donnerait naissance à la combinaison
« cherchée; cette prévision s'est en effet réalisée. »

Cette appréciation si flatteuse de l'illustre chimiste sur
l'une des principales découvertes de notre compatriote
date de 1844, elle dut toucher vivement M. Millon.

En ce moment, je vous demande la permission de faire
un rapprochement: cet éther nitreux dont il est question
ici et qu'il ne faut pas confondre avec l'éther nitrique, fut
découvert en 1742 par Navier, médecin de notre ville, correspondant de l'Académie des sciences et l'un des fonda-
teurs de cette Académie de Châlons dont nous cherchons
à continuer les traditions.

Et maintenant si vous voulez connaître cette brillante
faculté de généralisation dont j'ai parlé, je vous engage,
Messieurs, à lire les premières pages du traité de chimie
organique de M. Millon, celles principalement qui sont
consacrées au carbone, à l'eau, à l'azote, à l'ammoniaque;
vous constaterez avec quelle hauteur de vues, avec quel
esprit philosophique sont exposées et examinées les pro-
priétés de l'oxigène, du carbone, de l'hydrogène, de l'a-
zote selon le rôle que chacun de ces éléments peut jouer
dans les combinaisons d'origine organique.

Je ne veux pas avancer pourtant que les opinions théoriques de M. Millon aient toujours été adoptées, ou qu'elles auraient dû l'être toujours ; je n'ai pas la prétention de les juger.

Considérée au point de vue des recherches qu'elle inspire chaque jour, la chimie est une science où toute découverte nouvelle éveille la discussion et veut être vérifiée et contrôlée. A mesure que des phénomènes cherchés ou imprévus se produisent, ils trouvent leur explication dans des déductions théoriques plus ou moins logiquement amenées. Quelquefois des faits contradictoires viennent détruire les raisonnements qui semblent les mieux fondés; plus tard des circonstances accessoires incomplètement entrevues ou mal interprétées sont soumises à de nouvelles observations ; examinées de plus près elles peuvent faire disparaître ou confirmer la contradiction ; mais après des vérifications réitérées, après des discussions prolongées la théorie s'établit enfin, elle est adoptée par les maîtres et bientôt elle devient classique.

Reprenant notre récit, nous touchons à une phase de la vie de notre compatriote qui lui fut évidemment fatale. Le 24 août 1847, il est nommé pharmacien major de première classe et professeur à l'hôpital militaire d'instruction de Lille. Là il continue des recherches commencées à Paris et il publie des études de chimie organique qui formaient une partie de la tâche dont il était chargé dans un grand travail de chimie appliquée à la physiologie et entrepris en commun par MM. Regnault, Reizet et Millon, enfin il termine le second volume de ses Eléments de chimie organique.

A son arrivée à Lille, il est admis dans la Société des sciences, de l'agriculture et des arts de cette ville et presqu'immédiatement il est appelé à l'honneur de prési-

der cette Compagnie. Le 14 décembre 1848, il est nommé
pharmacien principal de deuxième classe et premier professeur, et le 5 décembre 1850, il reçoit une autre destination, il est envoyé à Alger.

J'ai dit que ce moment fut fatal pour M. Millon, c'est
qu'en effet cet éloignement de son pays, cette privation de
ses rapports de famille et de ses relations scientifiques,
eut sur le reste de son existence une influence déplorable.
Je vais plus loin ; certes je ne veux pas diminuer le
mérite des recherches chimiques, d'ailleurs moins nom-
breuses, qu'il put mener à bonne fin dans la suite,
malgré tous les détails d'un service compliqué ; j'accor-
derai, si l'on veut que certains de ces travaux pourront
offrir à l'industrie d'avantageuses applications, mais je ne
sais pourquoi je ne trouve plus au même degré dans ses
mémoires, le cachet particulier, l'ampleur, la portée
philosophique que je remarque dans les premiers.

Pourquoi donc ce déplacement, auquel ni les désirs
de M. Millon, ni les démarches de ses amis n'ont pu
mettre un terme? Ah, Messieurs, rappelez-vous les dates
que j'ai citées, elles indiquent une époque profondément
remuée et tourmentée, époque de crise, où les assises de
l'ordre social semblèrent compromises et où les intelli-
gences les plus droites, les mieux éclairées se sont sen-
ties troublées. M. Millon, esprit chercheur, avide du
nouveau, ennemi de la banalité, prompt à s'enflammer
pour tout ce qui lui paraissait grand, juste, généreux, a
pu se laisser entraîner trop loin, plus loin sans doute que
la prudence ne le lui eût conseillé, s'il n'avait toujours
écouté que ses intérêts personnels. Or, dans un pareil
moment de vertige, qui donc se vantera d'être toujours
resté calme? Qui donc, parmi ceux qui se sentent vivre,
osera se flatter de n'avoir jamais fait un pas de trop, soit

en avant soit en arrière? Eh bien, quand par la pensée je me représente M. Millon rentré à Paris, dans son laboratoire, faisant partager à ses élèves son ardeur de recherches et son activité, quand je crois l'entendre dans sa chaire où sa chaude parole enflamme et séduit ses auditeurs, quand je le vois coudoyer chaque jour comme ses égaux les premiers savants de notre temps et chaque jour aspirer à pleins poumons l'atmosphère scientifique qui l'entoure, quand je m'imagine quels progrès il eût fait faire à une science pour laquelle il avait une aptitude si clairement démontrée, je ne crains pas de dire que cet éloignement sans espoir de retour fut un malheur pour la science chimique, je ne dis pas assez, Messieurs, ce fut un malheur pour la France !

Arrivé en Afrique, M. Millon trouva probablement beaucoup d'occupation dans ses nouvelles fonctions, car ses rapports avec l'Académie des sciences furent interrompus jusqu'en 1854.

Vers la fin de 1851, il avait eu le bonheur de recevoir sa mère à Alger et de la conserver pendant tout l'hiver, mais le climat sembla peu favorable à la santé de Madame Millon, et son fils la ramena en France au commencement de 1852. Cette même année il alla passer une saison à Bourbonne-les-Bains où déjà il s'était rendu en 1850, dans l'espoir de guérir des douleurs intestinales qui le tourmentaient assez souvent. Profitant de sa présence en France, il avait demandé et obtenu l'établissement d'un laboratoire à l'hôpital du Dey à Alger.

Antérieurement, pendant son séjour à Lille, dans un centre agricole, M. Millon, après la crise alimentaire de 1846 à 1847, avait commencé des recherches sur le blé. Il avait calculé quelle était la proportion d'eau et de ligneux contenue dans le grain, et il avait reconnu combien était faible la quantité de cette dernière matière, impropre comme on sait, à la nutrition. Plus tard il avait comparé, sous le rapport de l'hydratation, les produits de 1850 avec ceux des deux années précédentes. Ces travaux furent poursuivis en Afrique, et comme ils méritent l'attention d'une société qui s'intéresse à l'agriculture, je m'y arrêterai un instant.

En continuant ses recherches sur la constitution du blé en examinant soit des blés durs, soit des blés tendres de diverses provenances, il était arrivé à reconnaître comme M. Payen, comme M. Mège-Mouriés, que, dans le grain, l'amidon se trouve surtout réuni au centre, et que sous l'enveloppe résident les principes les plus importants à conserver, les huiles essentielles du grain, les phosphates alcalins, et aussi les ferments actifs qui, dit-on, préparent la fluidification de l'amidon et favorisent son assimilation. Cette constatation de la structure du blé met en évidence quelle perte entraîne un bluttage qui fait passer dans le son jusqu'à vingt et vingt-cinq pour cent de la totalité, et met ainsi de côté la partie la plus active, la plus précieuse du grain de froment. On sait que le procédé de panification de M. Mouriés est une application déduite des observations que je viens d'exposer.

Poursuivant cette étude au point de vue pratique, il avait reconnu que par l'immersion du blé dans l'eau, faite en vue de sa purification, le tégument externe était seulement imbibé pourvu que cette opération fût menée promptement et avec précaution, que le grain à peine mouillé pouvait être séché suffisamment dans une essoreuse à force centrifuge et porté tout de suite sous la meule. Il avait constaté en outre que le son soulevé par cette pénétration se détachait plus facilement et que le bluttoir cessait de rejeter avec le son les parties les plus nutritives de la farine.

Ces observations qui peuvent avoir sur l'alimentation publique une grande portée, ont été faites pour la partie pratique avec le concours de M. Mouren. Déjà une application industrielle de ces principes tentée à Alger dans une proportion considérable paraît avoir donné pendant plusieurs années des résultats avantageux.

Des autres travaux scientifiques exécutés en Algérie par M. Millon, je ne puis que citer en passant : un curieux moyen d'isoler les parfums sans les altérer ; un procédé pour la purification du sulfure de carbone ; diverses notes intéressantes concernant la nitrification. J'ajouterai des recherches sur le cuivre faites avec M. Commaille, des mémoires sur l'analyse du lait, et sur les matières albuminoïdes que ce liquide contient, mémoires où se trouve également la collaboration de ce dernier chimiste.

L'amour du devoir, le désir d'être utile au pays étaient des sentiments naturels à M. Millon et vous ne serez pas surpris que malgré le regret de l'éloignement, il se soit intéressé à l'Algérie comme à une terre française et qu'il ait cherché, par tous les moyens que sa haute science mettait à sa disposition, à la faire avancer dans la voie des améliorations et du progrès.

Toutes les fois qu'une question touchait de près ou de loin à ses études ordinaires, il faisait partie de la commission chargée de la résoudre et son avis avait toujours une grande autorité. L'étude de tout ce qui concerne l'hygiène de l'armée et de la population le préoccupait constamment.

« Je voudrais, écrivait-il à un intendant-général en « 1861, je voudrais me trouver en relation avec tout le « personnel des pharmaciens militaires de l'Algérie, je

« les connaîtrais, et en provoquerais la meilleure distri-
« bution. Nombre de travaux sur les eaux de l'Algérie sur
« la récolte et la conservation des médicaments, sur toutes
« les denrées alimentaires de l'homme et des bêtes de
« somme se suivraient avec ensemble et s'élucideraient
« de jour en jour. Il ne faut pas oublier non plus que les
« plus graves questions de l'hygiène algérienne, celle
« des miasmes par exemple, sont à l'état de pure hypo-
« thèse. » Puis il recommandait l'introduction de bonnes
observations météorologiques, la création de jardins bota-
niques et il se plaignait que son laboratoire destiné à former de bons praticiens fût délaissé à cause du personnel
trop restreint mis à sa disposition, et il ajoutait : « La seule
« satisfaction à laquelle je puisse prétendre aujourd'hui
« est de bien employer encore quelques années. Est-ce
« trop d'ambition ? »

Sa parfaite honnêteté, son jugement, ses connaissances
étendues lui attiraient l'estime et la considération des gou-
verneurs généraux. Il dut à ses rapports sur l'Afrique
une haute affection, celle du maréchal Vaillant qui, désormais, voulut lui servir d'intermédiaire pour présenter ses mémoires à l'Académie des sciences.

« Il a fait des travaux très-utiles sur le pain de muni-
« tion, m'écrit un officier supérieur bien placé pour le
« juger, et chaque fois qu'il y avait des contestations à
« vider, ou des améliorations à introduire dans la fa-
« brication, c'était à M. Millon que l'on avait recours. »
Un autre officier supérieur non moins bien instruit, ajoute
après des détails analogues : « Je n'ai jamais rencontré
« un médecin ou un pharmacien, dans les postes, les ex-
« péditions ou les hôpitaux qui ne m'en ait parlé comme
« d'un chimiste distingué et un savant hors ligne. »
Dans un mémoire considérable sorti de l'imprimerie du

Gouvernement, on trouve le résultat de ses études sur la production et le commerce des sangsues d'Afrique. Il les avait comparées avec celles des marais de la Gironde et il estimait que la consommation de la France, celle des contrées voisines ou même plus éloignées offrirait un débouché avantageux de ces précieux annélides.

A la suite de ses recherches sur le blé, dont je vous ai entretenu, il s'était occupé de la conservation de cette denrée, et ses expériences qui portaient sur des quantités considérables avaient été suivies d'un succès complet. En 1858, 5192 quintaux de blé avaient été déposés dans des silos d'épreuve, et traités, dit un document officiel, d'après un système inventé par MM. Millon et Farre. 6,080 quintaux d'orge étaient soumis à la même expérience. Voici ce qu'à ce sujet notre collègue écrivait à sa mère au mois de mars 1858 : « D'ici à un « mois, j'ouvrirai la moitié de mes silos, dans lesquels « vous vous rappelez peut-être que j'ai enfermé l'année « dernière d'énormes quantités de blés, il y en a pour « près d'un demi-million, c'est là une très-belle expé- « rience, dans laquelle je serai très-heureux d'obtenir « le succès, il y a douze silos en tout et je les ouvrirai « en deux fois. » Un mois plus tard il écrit : « L'ouver- « ture de mes silos a été des plus satisfaisantes, l'orge « et le blé étaient en bon état et la denrée loin de perdre « de qualité s'était bonifiée. L'orge dont aucun négociant « n'aurait voulu était devenue très-marchande. C'est là « un premier succès,..... cette besogne est minutieuse et « demande une grande surveillance, mais j'y ai pris goût, « et la peine que je prends disparaît dans la satisfaction. »

Le Gouvernement sut reconnaître les services rendus en Afrique par M. Millon. Le 7 août 1852, il était promu au grade de pharmacien principal de première classe,

et le 5 décembre 1859, il était désigné comme pharmacien en chef de la divison d'Alger. Le 14 décembre 1853,
il avait été nommé chevalier de la légion d'honneur et,
le 30 décembre 1862, il recevait la croix d'officier.

Ces occupations incessantes qui touchaient aux plus
grands intérêts de l'Algérie avaient fait naître et dévelop-
per en notre collègue un attachement de plus en plus marqué pour la colonie, et, dans le but de confondre davan-
tage ses intérêts avec ceux de la terre d'Afrique, il avait
acheté, deux ou trois ans après son arrivée, une propriété
rurale qu'il avait successivement agrandie.

Le Frais-Vallon, c'est ainsi qu'il l'avait appelée, est situé
sur la route de Bou-Zaréa à quelques kilomètres d'Alger
au nord-ouest, à proximité de l'hôpital du Dey. Là, dans
une situation charmante, auprès d'une source d'eau miné-
rale, au pied d'un coteau admirable de végétation, il avait
établi une petite exploitation agricole où il aimait à aller
chaque jour se reposer dans une solitude rarement in-
terrompue par quelque visite amicale.

Quelle satisfaction, quelles jouissances il eût éprouvées,
s'il avait eu le bonheur de réaliser là ce projet tant de fois
formé de se réunir à sa mère !

Malheureusement les années avaient marché, l'âge et
les infirmités étaient survenues et la santé de Mme Millon ne permettait plus un pareil déplacement. Enfin au
mois d'octobre 1859, cette santé si précieuse qui avait
déjà baissé visiblement, sembla s'altérer assez pour
faire craindre une issue fatale et prochaine. M. Millon
est prévenu mais il ne peut s'absenter, et il n'a pas la
consolation de prodiguer lui-même ses soins à sa mère,
et de lui faire ses derniers adieux. « Quel funeste con-
« cours de circonstances, écrit-il, m'a empêché de quit-
« ter Alger cette année et d'embrasser une fois de plus

« ma pauvre mère ! Combien ce regret aura dû la tour-
« menter à ses derniers moments ! Donnez-moi des
« détails, je vous en supplie, que ce soit la fin de la
« mission de dévouement que vous avez remplie près de
« ma mère et près de moi ! Ce n'est pas d'aujourd'hui
« que j'essaie de vous remercier, ce sont même de
« nouveaux services que je viens réclamer de votre
« amitié. »

Lorsqu'au mois d'octobre 1861, M. Millon vint encore
une fois visiter notre ville et y rester seulement quelques
heures, il voulut que ses premiers pas fussent consacrés à
un pieux pèlerinage. Il avait eu l'heureuse chance de
trouver au voisinage de sa mère, un homme plein de bonté ,au cœur généreux, au sens droit, d'un dévouement
inaltérable, qui, pendant plus de vingt ans avait été
le conseil, l'appui de Mme Millon et, dans bien des
circonstances, avait remplacé le fils absent. Accompagné
de ce véritable ami, il se dirige vers le cimetière, il s'a-
genouille, il prie, et il dépose un baiser sur la terre qui
recouvre les restes mortels de cette mère si tendre-
ment aimée.

Cependant les fatigues, les préoccupations, le climat de
l'Algérie avaient continué de porter atteinte à la santé
de notre collègue, santé toujours assez précaire, puisque
dans toutes ses lettres à sa mère, il semblait prendre à
tâche de la rassurer en lui disant chaque fois : « Ma santé
« n'a jamais été meilleure. »

Au mois de juin 1865, il se décide à faire valoir ses
droits à la retraite. « J'ai eu dernièrement une attaque de
« choléra, écrit-il, dont j'ai beaucoup de peine à me re-
« mettre, les suites de ce mal étrange sont peut-être en-
« core plus pénibles que le mal lui-même. » Il cherche
mais vainement à vendre sa propriété, il voudrait reve-

nir en France, à Paris. « J'ai, dit-il dans une autre lettre,
« de nombreux matériaux de travail que j'emploierai,
« j'ai de la provision pour plusieurs années. » Quelque
temps auparavant, il écrivait : « Mes vues se portent
« aujourd'hui sur une position simple mais indépendante,
« où je poursuivrai paisiblement mes recherches. De là
« le vœu d'une modique retraite et d'un coin de champ.
« Mais soyez sûr d'avance que c'est un coin de champ
« où la chimie sera cultivée avec amour, avec passion !
« A de pareils sentiments l'âge ne fait rien, on reste
« éternellement jeune pour la science et elle de son
« côté vous sourit jusqu'à la fin. »

Il obtient son congé le 13 octobre 1865, mais il passe
l'hiver en Afrique. En 1866, au mois de mai, il vient
à Paris et après un séjour de quelques semaines au milieu
de ses amis, il se rend aux eaux de Bourbonne-les-Bains,
dont il avait déjà fait usage. A son retour, il cherche
à se fixer à Passy, puis à Sens et à Dijon parce qu'on lui
avait dit que le climat de la Bourgogne lui serait favorable.

A l'approche de l'hiver, il part encore pour l'Afrique,
dans un état [de santé réellement meilleur que lors de
son arrivée en France. A Alger, il apprend la mort
subite du fermier qui tenait son domaine de Bou-
Zarea, et comme il ne peut se défaire de cette propriété, il est en face de nouveaux embarras. Ce séjour
dans un pays qu'il ne devait plus revoir, altère encore
si profondément sa santé, que lors de son retour en
France, au mois de mai 1867, ses amis sont frappés des
changements désastreux qui se sont produits pendant
son absence.

Après une indisposition assez sérieuse qui l'atteint aus-
sitôt son arrivée à Paris, il reçoit de M. J. Reizet, un ami

de trente ans, l'invitation de venir le trouver dans son château à Ecorchebœuf, près Dieppe. Il reste un mois dans cette résidence embellie par une ancienne et sincère affection, puis vers la fin de juillet, il est rappelé à Paris par le désir de voir l'exposition universelle, et enfin le 3 octobre sur l'avis d'un médecin, il se rend à l'établissement hydrothérapique de Saint-Seine.

Mais l'affection chronique des intestins dont il était tourmenté depuis vingt-cinq ans, s'aggrave de plus en plus, ses forces diminuent sensiblement, et il ne peut commencer aucun traitement. Quelques jours plus tard, M. Mouren est prévenu de la situation dangereuse dans laquelle se trouve son ami, M. Millon; il accourt en toute hâte, et il arrive à peine assez tôt pour lui fermer les yeux. Bien peu de temps avant sa mort, notre collègue conservait encore l'espoir d'une guérison prochaine et l'idée de partir bientôt afin de passer l'hiver en Afrique. Enfin il rendait le dernier soupir après une courte agonie, le 22 octobre 1867, vers une heure de l'après-midi à l'âge de cinquante-cinq ans.

Dans cette bourgade éloignée, séparé de ses parents, de ses amis, il ne fut pas abandonné. La population tout entière se pressa autour de son cercueil, pour le conduire à l'asile suprême que lui offrait une terre étrangère.

Les détails dans lesquels je suis entré dans cette longue étude, me dispensent de vous faire sentir quelle perte faisait la chimie lorsque s'éteignait cette belle intelligence, lorsque disparaissait si vite et si tôt un homme resté jeune par le cœur, possédant toute sa vigueur d'esprit, et qui pouvait rendre encore à la science d'éminents services.

M. Millon était une nature réfléchie, sérieuse, pourtant un peu exaltée et facile à alarmer; il aimait la solitude, et rarement on le rencontrait dans le monde où, dit-on, il montrait une grande distinction. Il apportait dans le service une certaine sévérité, parfois même de la vivacité, mais il était d'une grande franchise et d'une extrême cordialité dans ses rapports de chaque jour avec ses élèves et avec ses inférieurs. Il était aimant, prompt à obliger; il avait conservé jusqu'à la fin le plus filial, le plus respectueux attachement pour sa mère.

« Eugène Millon, écrit un de ses anciens camarades « d'enfance, avait d'excellentes qualités, c'était un ami « chaud et dévoué, jamais fils n'a montré pour sa mère « une tendresse plus profonde, et une vénération plus « grande, mais aussi jamais une mère n'a poussé plus « loin que Mme Millon, toutes les tendresses, tous les dé-« vouements de l'amour maternel, elle ne vivait réelle-« ment que pour ses enfants. »

J'ai fait comprendre au commencement de ce récit combien étaient exiguës les ressources de la famille ; du jour où M. Millon commença à toucher une rétribution, il eut soin de mettre de côté la part de sa mère, et plus tard, quand il eut vu grandir sa position, il ne manqua jamais d'augmenter le bien-être et l'aisance dont il avait commencé à la faire jouir ; jamais il n'était plus satisfait qu'en trouvant l'occasion de lui faire quelqu'amicale et douce surprise. « Je ne vous adresse aucune recommandation, « écrit-il, pour que vous établissiez autour d'elle tous les « soins nécessaires. Faites comme pour votre mère avec « la connaissance que vous avez des concessions à faire « à l'âge de notre malade. »

Ses lettres dont un certain nombre a passé sous mes yeux, respirent toutes les mêmes sentiments, et souvent une déférence affectueuse, qui ne craint pas de s'incliner quand le hasard amène entre la mère et le fils quelque

divergence d'opinion. Ces lettres, je les ai lues avec plaisir,
avec émotion, permettez-moi de vous en citer encore
quelques fragments.

« Chère bonne mère, maintenez votre santé ; c'est là
« mon premier et principal vœu. Les autres biens sont
« très-inférieurs et mon ambition sur ce dernier chapitre
« est si petite que je nous trouve assez pourvus. Que les
« goûts simples sont une grande richesse ! Cependant
« comme nous conservons toujours les faiblesses de l'hu-
« manité sur quelque point, je me surprends encore à
« former certain souhait, je vous demande de faire
« de temps à autre une petite prière afin que je revienne
« à Paris.......... Là, je choisirais quelque coin retiré
« pour m'ensevelir définitivement dans la science, c'est à
« cela que j'aspire. Beaucoup d'éloignement du monde
« et beaucoup de travail ; loin du monde, le mal n'arrive
« plus que comme un écho affaibli et le travail donne
« toujours la satisfaction de l'esprit. »

« Notre fin d'année est très-froide, mais toutes mes
« cheminées sont refaites, mon feu pétille, ma provision
« de houille est bonne, je ne sens pas l'hiver ; pour-
« quoi tous les malheureux n'en peuvent-ils pas dire au-
« tant ? »

« Quand on peut supporter les événements et les crises,
« il y a une grande sagesse à les accepter sans murmure.
« Tel changement de position inattendu, peut devenir
« une grâce de la Providence que l'on bénit plus tard. »

« Je ne veux pas non plus que vous pensiez de moi que
« j'ai changé, surtout d'une façon qui puisse vous faire
« dire tant pis pour vous et pour moi, si mes lettres
« vous ont paru à vous d'un style bien nouveau et bien
« étrange, plaignez-vous, c'est pour vous un droit légi-

« time puisque je trouve toujours dans les vôtres, même
« amour et même bonté. »

« Chère bonne mère, votre philosophie et votre sagesse
« sont entièrement de mon goût et décidément le temps
« nous rapproche, ce qui s'explique en ce que vous
« ne vieillissez pas, tandis que je sens très-bien le poids
« des années. Une existence retirée, la pratique paisible
« de la science, de cette bonne chimie, à laquelle j'ai dû
« tant de consolations, c'est tout ce qu'il me faut. »

Ces citations suffisent pour montrer les sentiments, les
pensées, les aspirations intimes du fils et de la mère.

J'arrive aux derniers mots de cette notice. J'ai essayé
de vous peindre le savant, le professeur, le fonction-
naire, de vous esquisser trop rapidement l'homme,
l'ami, le bon fils. Puissé-je avoir réussi ! Puissions-
nous rendre à la mémoire de M. Millon l'hommage que
méritent et ses travaux et ses services !

Messieurs, dans les temps heureux de la Grèce, lorsqu'Athènes voulait elle aussi payer sa dette de reconnaissance aux citoyens qui l'avaient illustrée, elle trouvait
des historiens, des orateurs pour immortaliser leurs
grandes actions, leurs vertus; elle trouvait encore des
artistes qui construisaient en leur honneur ces monuments incomparables dont les débris nous émeuvent,
par les souvenirs qu'ils font renaître.

Ma faible voix n'acquittera jamais tout ce que doit le
pays au chimiste éminent dont j'ai cherché à retracer
l'existence ; d'autres accompliront cette noble tâche. Déjà
les amis, les élèves de M. Millon, préparent les matériaux d'un monument qu'ils veulent élever pour perpétuer
son nom. Ils se disposent à réunir et à publier toutes

ses œuvres éparses. Ce monument plus durable que l'airain, sera digne d'un savant qui laissera dans la science des traces ineffaçables, et que nous pouvons revendiquer comme faisant honneur à notre Société et à sa ville natale.

2096 — Châlons, imp. de J.-L. Le Roy.

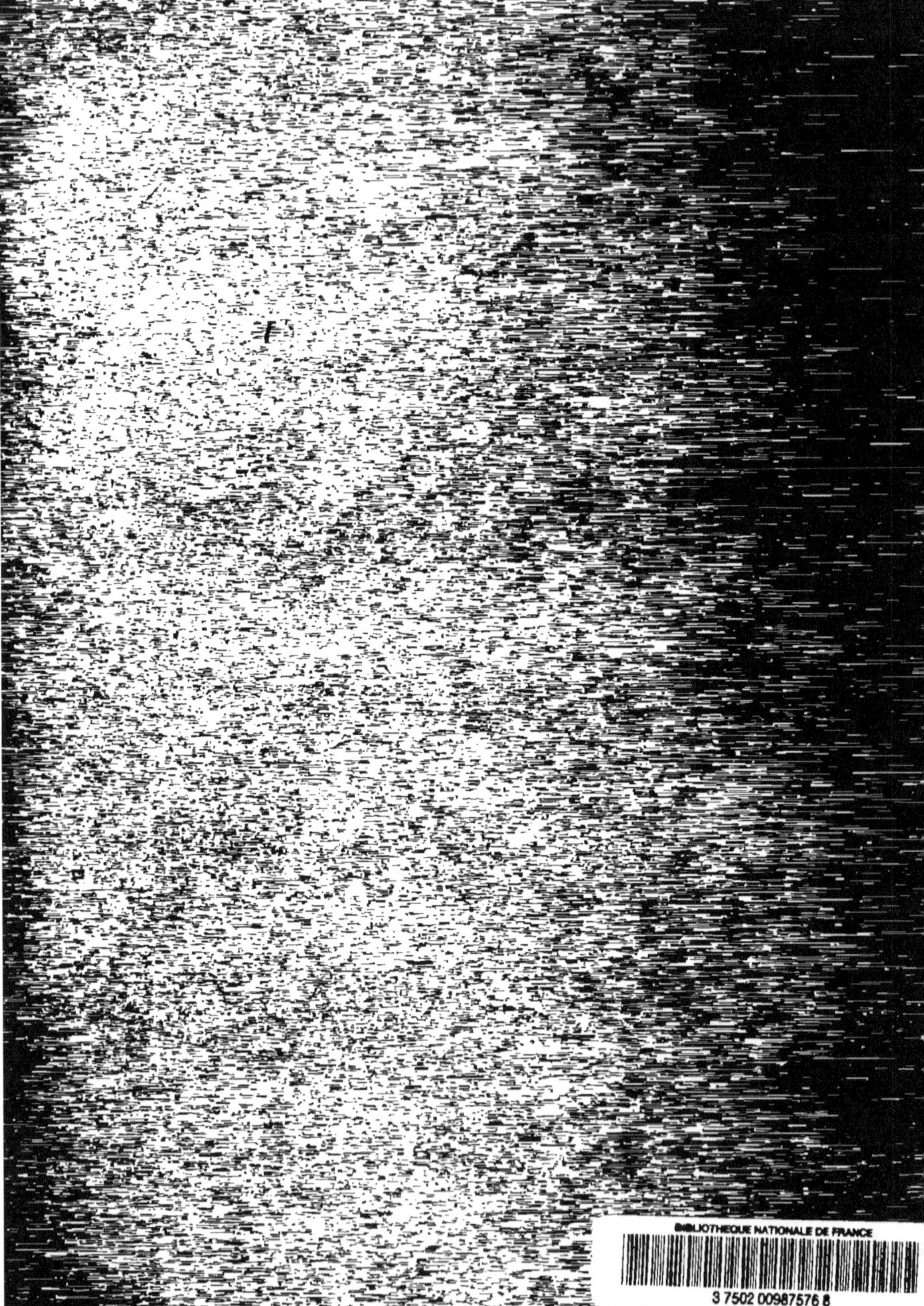
BIBLIOTHEQUE NATIONALE DE FRANCE
3 7502 00987576 8